Marco Castillo

Automatic Evaluation of Ontologies

GRIN - Verlag für akademische Texte

Der GRIN Verlag mit Sitz in München hat sich seit der Gründung im Jahr 1998 auf die
Veröffentlichung akademischer Texte spezialisiert.

Die Verlagswebseite www.grin.com ist für Studenten, Hochschullehrer und andere Akade-
miker die ideale Plattform, ihre Fachtexte, Studienarbeiten, Abschlussarbeiten oder Disser-
tationen einem breiten Publikum zu präsentieren.

Dokument Nr. V154887 aus dem GRIN Verlagsprogramm

Marco Castillo

Automatic Evaluation of Ontologies

GRIN Verlag

Bibliografische Information der Deutschen Nationalbibliothek: Die Deutsche Bibliothek
verzeichnet diese Publikation in der Deutschen Nationalbibliografie; detaillierte bibliografische Daten sind im Internet über http://dnb.d-nb.de/ abrufbar.

1. Auflage 2008
Copyright © 2008 GRIN Verlag
http://www.grin.com/
Druck und Bindung: Books on Demand GmbH, Norderstedt Germany
ISBN 978-3-640-68707-7

Thema:

Automatic Evaluation of Ontologies

Ausarbeitung im Rahmen des MAN-STRIP Seminars

im Fachgebiet Entscheidungslehre

am Lehrstuhl für Quantitative Methoden

vorgelegt von: Marco A. Castillo

Abgabetermin: 2008-12-01

Inhaltsverzeichnis

Abbildungsverzeichnis

Tabellenverzeichnis

Formelverzeichnis

1 Welchen Zweck erfüllen Ontologien?

Heutzutage ist in digitalen Medien und im Internet eine gewaltige Menge an Informationen abrufbar. Aufgrund dessen ist es wichtig, die Informationen so zu strukturieren und aufzubereiten, dass die Suche nach relevanten Informationen über eine bestimmte Thematik und ihre richtige Interpretation einfach und schnell durchgeführt werden kann. Um dieses Ziel zu erreichen, sind Wissensrepräsentationen nötig. Dafür hat sich in der Informatik in den letzten Jahren der Begriff *Ontologie* eingebürgert.[1]

Der Begriff der Ontologie hat eine lange Tradition in der Philosophie und den Sprachwissenschaften. Erst in den 90er Jahren wurde der Begriff in die Informatik von Gruber eingeführt.[2] Er definierte eine Ontologie als „explicit specification of a conceptualization".[3] Eine aktuelle Definition, die darauf aufgebaut ist, ist die von Studer: "Eine Ontologie ist eine explizite, formale Spezifikation der Konzeptualisierung eines abgegrenzten Diskursbereichs zu einem definierten Zweck, auf die sich eine Gruppe von Akteuren geeinigt hat."[4]

Anders als bei einem konzeptionellen Datenbankschema enthalten Ontologien Informationen über die Bedeutung der gespeicherten Daten sowie Regeln über deren Zusammenhang.[5] Eine Ontologie ist ein formales Wissensmodell, das im Wissensmanagement, in Experten- und Multiagentensystemen, bei der Informationsintegration und vor allem im Semantic Web eingesetzt wird.[6] Gerade in diesen Bereichen haben die Ontologien einen großen Aufschwung erlangt, wie in Abb. 1.1 ersichtlich ist. Besonders seit dem Aufkommen des Semantic Webs werden sie immer mehr zur Grundlange für Austausch und Zusammenführen von Informationen (siehe Abb. 1.1).[7] Ontologien sind zu dem Rückgrat der Wissensrepräsentation im Semantic Web geworden.[8]

Aufgrund der hohen Anzahl an verfügbaren Ontologien und aufgrund der Bedeutung von Ontologie, vor allem für den Bereich des Semantic Webs, ist die Evaluation der unterschiedlichen Ontologien zu einem Schlüsselfaktor der Entwicklung von Anwendungen des Semantic Webs geworden. Für die Entwicklung von Anwendungen spielt die Auswahl der richtigen und guten Ontologie eine große Rolle. Um dieses beurteilen zu können, ist eine Evaluation der einzelnen Ontologien unumgänglich.[9]

---

[1] Vgl. Hesse (2002).
[2] Vgl. Ruiz, Hilera (2006), S. 50.
[3] Gruber (1993), S.2.
[4] Studer (2008).
[5] Vgl. Noy, Klein (2004), S.3.
[6] Vgl. Studer (2008).
[7] Vgl. Vrandecic (2006), S. 1.
[8] Vgl. Hart, Brewster (2006), S. 1.
[9] Vgl. Kozaki, Sunagawa, Kitamura, Mizoguchi (2006), S. 1.

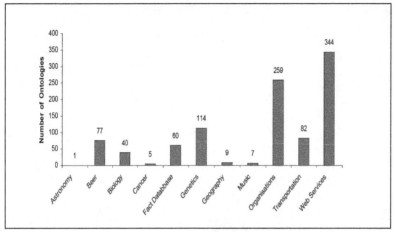

Quelle: Baker, Warren, Haarslev (2005), S. 1.

Abb.1.1   Anzahl der Ontologien pro Anwendungsbereich

Ziel dieser Arbeit ist die unterschiedlichsten Verfahren und Ansätze zur Evaluation von Ontologien vorzustellen. Der Schwerpunkt wird dabei auf die Verfahren gelegt, die das Ziel verfolgen, die Evaluation von Ontologien automatisch durchzuführen.

Die Arbeit ist in fünf Kapitel aufgeteilt. Nach der Einleitung werden die Entwicklungshistorie und die Grundkonzepte der Ontologie erklärt. Die daraus resultierenden Erkenntnisse ermöglichen eine Klassifikation unterschiedlicher Ontologien. Aufgrund der Ähnlichkeiten einer Ontologie mit einer konzeptionellen Datenbank werden diese im letzten Abschnitt des Kapitels miteinander verglichen.

Im Kapitel drei werden die generellen Konzepte einer ontologischen Evaluation besprochen. Hier werden sowohl die einzelnen Ansätze und Techniken beschrieben, als auch die ersten Versuche eine Ontologie zu evaluieren dargestellt. Im Kapitel vier werden drei konkrete Ansätze erläutert, die eine automatische Evaluation ermöglichen. Am Ende der Arbeit wird nochmal einen Blick in die Zukunft verschafft, wie sich die Evaluation weiter entwickeln sollte.

2 Ontologien

2.1 Anwendungsbereiche und Historie

Die „Ontologie", vom griechischen *ontos* = das Sein und *logos* = Abhandlung, ist in seinem ursprünglichen Sinne eine philosophische Disziplin. Sie ist die Lehre über das Sein und den Zusammenhang der Dinge in unserer Welt.[10] Obwohl ontologische Überlegungen seit Anbeginn der Philosophiegeschichte existieren, taucht das Wort „Ontologie" erst im achtzehnten Jahrhundert auf.[11] So stellte sich schon Aristoteles in seinem Werk „Metaphysik, IV, 1" folgende Fragen: Was ist Sein? Was sind Entitäten? Was zeichnet Entitäten aus?[12]

In den letzten Jahren wurde der Begriff der „Ontologie" auch für Forschungsbereiche der Informatik übernommen. Aufgrund der Überschneidungen zwischen Künstlicher Intelligenz und Philosophie fand der Begriff Einzug sowohl in die Wissensverarbeitung als auch in die Wissensrepräsentation. Dort werden Ontologien eingesetzt, um bekanntes Wissen explizit ausdrücken zu können. Somit kann dieses formalisierte Wissen von einer Gruppe von Personen gemeinsam genutzt werden oder es kann in unterschiedlichen Kontexten neu verwendet werden.[13]

In der Informatik werden Ontologien hauptsächlich in drei Beriece eingesetzt: Kommunikation, automatisches Schließen und Repräsentation sowie Wiederverwendung von Wissen.[14] Wenn zwei Programme, z.B. Web-Suchmaschine oder Software-Agenten, miteinander kommunizieren sollen, müssen sie entweder selbst die Informationsregeln für die Daten in sich tragen (datenabhängig), oder sie übergeben diese in Form von Metadaten aus einer für beiden zugänglichen Ontologie. Die Ontologie wird also als eine Art Zwischensprache genutzt. Man kann dieses Verhalten durchaus als Dolmetschertätigkeit bezeichnen. Im Falle des automatischen Schließens können Programme logische Schlüsse ziehen, basierend auf die in der Ontologie bekannten Ableitungsregeln. Ähnlich ist es bei der Wissensrepräsentation und –wiederverwendung. Ontologien spielen in allen Bereichen der Informatik, die sich mit Wissen befassen, eine große Rolle, wie z.B. Künstliche Intelligenz, Datenbanken und Informationssysteme. Dazu kommen angrenzende Bereiche wie Soft-

---

[10] Vgl. Daemi-Ahwazi (2005), S. 12.
[11] Vgl. Ruiz, Hilera (2006), S. 50.
[12] Vgl. Corcho, Fernández-López, Gómez-Pérez (2006), S. 3.
[13] Vgl. MacCarthy (1995), S. 2041.
[14] Vgl. Uschold, Gruninger (1996), S. 8.

waretechnik und Multimedia-Kommunikation, aber auch Anwendungsgebiete wie z.B. Medizin, Rechtwesen und Wirtschaftsinformatik.[15]

Heute können Semantic Web und Wissensmanagement als Hauptanwendungsfelder von Ontologien identifiziert werden. Wichtig hier sind Bereiche wie semantische Suche, intelligente Informationsintegration, wissensbasierte Beratungs- und Assistenzsysteme und semantische Infrastrukturen.[16]

2.2   Elemente einer Ontologie

Ontologien werden heute in der Künstlichen Intelligenz mit einer der drei bekannten Wissensrepräsentationsparadigmen dargestellt: Logik, meistens Beschreibungslogik, Klassen und semantische Netze.[17] Im Normalfall wird eine Ontologie aus Konzepten und Relationen aufgebaut. Attribute und deren Werte, Instanzen, Axiome sowie Nebenbedingungen sind weitere Bestandteile einer Ontologie. In der Regel werden Ontologien als Taxonomien organisiert, welche in einer Baumstruktur mit mehrfacher Vererbung sowie disjunkten Subkategorien sind.[18]

Konzepte sind abstrakte Ausdrücke, die aus einer Menge von Objekten, die gemeinsame Eigenschaften aufweisen, bestehen. Konzepte können auch als Klassen verstanden werden, welche über eine Klassenstruktur mit Über- und Unterklassen verfügen, die dessen Eigenschaften erben oder aber weiter spezialisieren können. Die verschiedenen Begriffe können bestimmte Relationen zueinander aufweisen, was zu einer Konzepthierarchie führen kann. Die Attribute charakterisieren die Begriffe und die Instanzen, die eine individuelle Ausprägung eines Objekts eines Konzepts darstellen. Zuletzt sind noch die Axiome zu nennen, welche Aussagen innerhalb der Ontologie sind, die immer wahr sind. Diese werden dazu verwendet, Wissen zu repräsentieren, das nicht aus anderen Konzepten abgeleitet werden kann.[19] Die Struktur und die Elemente einer Ontologie werden in der Abb. 2.1 verdeutlicht.

---

15   Vgl. Hesse (2002).
16   Vgl. Studer (2008).
17   Vgl. Daemi-Ahwazi (2005), S. 25.
18   Vgl. Noy, Hafner (1997), S. 53.
19   Vgl. Corcho, Fernández-López, Gómez-Pérez (2006), S. 5f.

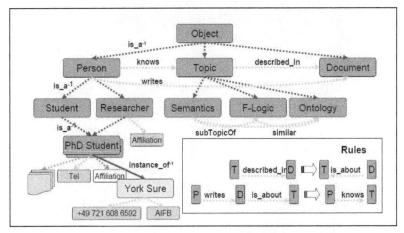

Abb. 2.1   Beispiel einer Ontologie

2.3   Klassifikation von Ontologien

Es gibt zahlreiche und äußerst unterschiedliche Ansätze zur Klassifikation von Ontologien.[20] Einer der am häufigsten zitierten Klassifikationen ist die von Guarino. Guarino geht von der Granularität der Konzeptualisierung als Hauptunterscheidungskriterium für die Klassifikation aus. Dabei nimmt der Generalitätsgrad der Konzepte von oben nach unten ab. Er ist der Auffassung, dass verschiedene Arten von Ontologien für unterschiedliche generische Stufen zu entwickeln sind. Laut Guarino gibt es vier verschiedene Ontologie Typen wie in Abb. 2.2 zu sehen ist.[21]

- *Top-level onotology* beschreibt sehr allgemeine Konzepte wie Raum, Zeit, Materie, Objekte, Ereignisse, Aktionen und so weiter, die die Welt grundsätzlich strukturieren. Diese Konzepte sind unabhängig von einer bestimmten Domäne oder einem Problem. Es scheint sinnvoll, zumindest in der Theorie, für einen großen Benutzerkreis gemeinsame top-level Ontologien zu verwirklichen.[22] Diese Ontologien werden in der Regel verwendet, um Domänenontologien mit allgemeinen Konzepten zu bereichern und eine gemeinsame Basis zu anderen Domänenontologien zu realisieren.[23]

---

20 Vgl. Ruiz, Hilera (2006), S. 51ff.
21 Vgl. Guarino (1998), S. 7f.
22 Vgl. Guarino (1998), S. 7.
23 Vgl. Daemi-Ahwazi (2005), S. 34.

- *Domain ontology* beschreibt ein grundlegendes auf eine generische Domäne bezogenes Vokabular. Hierbei spezialisiert man Konzepte einer top-level Ontologie. Die Domain Ontologie ist die zahlenmäßige größte Kategorie der Ontologien.

- *Task ontology* beschreibt ein grundlegendes Vokabular, welches sich auf eine allgemeine Aktivität oder Aufgabe bezieht. Es werden domänenunabhängige Aufgabentypen und ihre Wissenszusammenhänge dargestellt. Auch hier werden Konzepte einer geeigneten top-level Ontologie spezialisiert.

- *Application ontology* beschreibt Konzepte, die von einer bestimmten Domäne und einer bestimmten Aufgabe angängig sind. Sie ist speziell auf eine konkret fokussierte Domäne oder Aufgabe zugeschnittene Ontologie. In der Regel handelt es sich hier um eine Spezialisierung der domain und/oder task Ontologie. Diese Konzepte entsprechen oft Rollen bestimmter Domänen, während sie gleichzeitig eine spezielle Aktivität durchführen.[24]

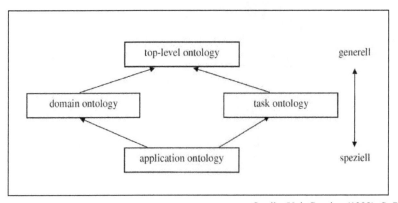

Quelle: Vgl. Guarino (1998), S. 7.

Abb. 2.2   Klassifikation und Abhängigkeiten von Ontologien

Ein anderer Ansatz ist z.B. der von Uschold und Grüninger. Ihr Unterscheidungskriterium ist, anders als bei Guarino, der Grand der Formalisierung, mit dem das Vokabular der Konzepte und dessen Bedeutungen spezifiziert sind.[25]

Ontologien lassen sich je nach ihrer Typ auf verschiedene Arten darstellen. Neben der einfachen schriftlichen Darstellungsform, die für einfache Begriffssammlungen wie Lexika die Regel ist, gibt es auch unterschiedliche graphische Darstellungsformen. Darüber hinaus

---

[24]   Vgl. Guarino (1998), S. 7 f.
[25]   Vgl. Uschold, Gruninger (1996), S. 6.

wurden und werden noch verschiedene Sprachen entwickelt, um Ontologien streng formal darzustellen.[26]

2.4 Ontologie versus konzeptionelles Datenbankschema

Eine Ontologie und ein konzeptionelles Datenbankschema haben viel gemeinsam und können miteinander verglichen werden.[27] Die Tatsache, dass sie sehr ähnlich sind, macht es schwer eine genaue Unterscheidung zwischen den beiden Konzepten zu erarbeiten. Oft können auf den ersten Blick keine wesentlichen Unterschiede erkannt werden. Aus diesem Grund werden in diesem Kapitel einige Unterscheidungskriterien wie auch Vorteile der einzelnen Konzepte aufgezeigt und erläutert.

Noy und Klein haben in ihrem Aufsatz *Ontology Evolution: Not the Same as Schema Evolution* eine ausführliche Liste von Unterscheidungskriterien zusammengefasst, die sie in mehreren Gruppen eingeteilt haben. Hauptsächlich handelt es sich um allgemeine Unterschiede, um die Frage der Bestimmung der jeweiligen Konzepte und um das Wesen der Wissensrepräsentation an sich.[28]

Einer der wichtigsten Unterscheidungskriterien ist die Zweckbestimmung der Konzepte. In der Regel werden Ontologien entwickelt, um Begriffe, die in einer Domäne benützt werden, zu klären. Es ist jedoch anders bei den konzeptionellen Datenbankschemata, die zum Zweck der Datenmodellierung erstellt werden. Im Sinne der Bestimmung bzw. der Zweckbestimmung gibt es aber noch einen einschlagenden Unterschied, die Wiederverwendung. Während die Struktur einer Datenbank speziell mit einem dafür entworfenen Datenbankschema realisiert wird und somit ein integraler Bestandteil eines bestimmten Datenbanksystems ist, werden Ontologien dagegen nicht für ein bestimmtes System entwickelt, sondern für eine bestimmte Anwendungsdomäne. Eine Wiederverwendung oder Erweiterung durch unterschiedliche Anwendungen ist Sinn und Zweck bzw. der große Vorteil von Ontologien.[29]

Sowohl Datenbankschemata als auch Ontologien (wobei diese laut Noy und Klein als ein Schema für eine Wissensbasis angesehen werden können) legen die Struktur fest, in der die Daten in der Datenbank bzw. Wissensbasis gespeichert werden soll. Anders als bei dem Datenbankschemata, wo eine klare Trennung zwischen dem Schema und den Instanzen (Daten) definiert ist, können in Ontologien nicht nur die Instanzen, sondern auch die Ontologie an sich schon als Daten dieser Wissensbasis angesehen werden. Am Beispiel einer

---

[26] Vgl. Daemi-Ahwazi (2005), S. 25ff.
[27] Vgl. Guarino (1998), S. 10.
[28] Vgl. Noy, Klein (2004), S. 3ff.
[29] Vgl. Noy, Klein (2004), S. 3f.

Abfrage kann diese Unterscheidung verdeutlicht werden. Das Ergebnis einer Abfrage an einer Datenbank ist immer eine Sammlung von Daten. Ein Ergebnis einer Ontologie hingegen kann auch Elemente der Ontologie selbst beinhalten. Demzufolge könnte eine Ontologie problemlos nach allen Subkonzepten eines bestimmten Konzeptes abgefragt werden. Im Faller derselben Abfrage innerhalb einer Datenbank müsste auf das separat gespeicherte Datenwörterbuch zugegriffen werden.[30]

Die Semantik ist ein weiteres Unterscheidungskriterium. Klassische Datenbanken enthalten von sich aus keine Information über die Bedeutung der gespeicherten Daten. Ontologien dagegen besitzen, als Teil des Schemas, eine Beschreibung der Daten sowie Regeln über deren Zusammenhang. Anhand der Regeln können Rückschlüsse aus den vorhandenen Daten gezogen, Inkonsistenz in den Daten erkannt und fehlendes Wissen selbständig aus dem Vorhandenen ergänzt werden.[31]

Datenbanken haben bezüglich der Entwicklung, des Unterhalts und der Aktualisierung einen zentralisierten Charakter. Im Gegensatz dazu sind die Ontologien in den oben genannten Bereichen dezentralisiert.[32]

---

[30] Vgl. Noy, Klein (2004), S. 3.
[31] Vgl. Noy, Klein (2004), S. 3.
[32] Vgl. Noy, Klein (2004), S. 3.

3 Evaluation von Ontologien

3.1 Evaluationsansätze

Die einfachste Methode eine Ontologie zu evaluieren wäre es sie einfach von einer Gruppe von Personen evaluieren zu lassen. Dabei könnten die ersten Probleme wie z.b. die Wahl der Personen vorkommen. So stellt sich die Frage, wer für die Aufgabe der Evaluation die richtige Person wäre – die eventuellen Nutzer der Ontologie, Experten in der Domäne oder vielleicht die Entwickler. Die weiteren kritischen Punkte sind die Kriterien, nach denen die Ontologie bewertet werden muss, und die passende Definition der Ontologie.[33] Beispielsweise definieren Brewster u. a. eine gute Ontologie wie folgt: „Good ontologies are the ones that serve their purpose."[34]

Aus der Literatur gehen daher einige andere Ansätze zur Evaluierung von Ontologien hervor, abhängig von der Art von Ontologie, die evaluiert werden soll, und vom Ziel der Evaluation. Die Menge der verschiedenen Methoden ist sehr groß und vielfältig. Grundsätzlich kann aber gesagt werden, dass sie immer in eine folgender Kategorien fallen wird:

- Jene, die eine Ontologie anhand eines Vergleichs mit einem Goldstandard[35] evaluiert, welches selber eine Ontologie sein kann.

- Jene, die eine Ontologie in einer Anwendung integriert, um später die Ergebnisse der Anwendung zu evaluieren.

- Jene, die eine Ontologie anhand eines Vergleichs mit den Quellen der Daten der Domäne evaluiert, wo die Ontologie eingesetzt werden soll.

- Jene, die eine Ontologie durch eine Expertengruppe evaluiert, die untersucht, wie gut die Ontologie ist.[36]

Sabou u.a. sind der Meinung, dass die Ansätze nochmal verdichtet werden können. Sie sprechen hauptsächlich von zwei Hauptkategorien. Auf einer Seite sind es die Ansätze, die eine Menge an gut durchdachten Kriterien zur manuellen Evaluation von top level Ontologien bereitstellen. Auf der anderen Seite sind die automatischen Evaluationsansätze, die

---

[33] Vgl. Brewster, Alani, Dasmahapatra, Wilks (2004), S. 2.
[34] Brewster, Alani, Dasmahapatra, Wilks (2004), S. 1.
[35] Mit Goldstandard wird ein Verfahren bezeichnet, welches bislang unübertroffen ist und als Zielvorgabe gelten kann.
[36] Vgl. Fernández, Cantador, Castells (2006), S.1f.

aus dem Kontext der ontology learning entstanden.[37] Brewster u.a. sprechen auch von zwei Hauptkategorien, fassen die einzelnen Ansätze aber in qualitative und quantitative Ansätze.

Die Evaluationsmethoden, die den einzelnen Ansätzen entsprechen, werden in Kapitel 3.3 genauer erläutert.

3.2 Evaluationstechniken

Eine Ontologie kann von einer sehr komplexen Struktur sein. Deshalb macht es oft Sinn, die Ontologie in einzelne Teile zu untergliedern und diese einzeln zu evaluieren, anstatt die Ontologie als Ganzes. Diese Tatsache ist besonders in dem Falle relevant, wenn der Schwerpunkt ist, die Evaluation automatisch durchführen zu lassen. Falls es sich bei der zu evaluierenden Ontologie um eine Art handelt, bei deren Konstruktion die Techniken des automatischen Lernens angewendet wurden, ist eine Schichtenbetrachtung bzw. -evaluation von besonderer Bedeutung, da die eingesetzten Techniken in jeder Schicht anders sind.[38] Folgende Schichten wurden von Brank, Grobelink und Mladenic identifiziert:

- Lexikalische Schicht

- Taxonomische Schicht

- Semantische Schicht

- Kontext- oder Anwendungsschicht

- Syntaktische Schicht

- Struktur, Architektur oder Design Schicht

Die einzelnen Schichten und die Techniken, die benützt werden können, um diese zu evaluieren, werden nun erläutert. Eine generelle Zuordnung der Evaluationsansätze, die in jeder Schicht zum Einsatz kommen, kann aus der Tabelle 3.1 entnommen werden.

---

[37] Vgl. Sabou, Lopez, Motta, Uren (2006), S. 2.
[38] Vgl. Brank, Grobelink, Mladenic (2007), S. 194.

Level	Approach to evaluation			
	Golden Standard	Application based	Data Driven	Assessment by humans
Lexical entries, vocabulary, concept, data	X	X	X	X
Hierarchy, taxonomy	X	X	X	X
Other semantic relations	X	X	X	X
Context, application		X		X
Syntactic	X			X
Structure, architecture, design				X

Quelle: Brank, Grobelnik, Mladenic (2005), S. 2.

Tab. 3.1   Überblick über die verschiedenen Evaluationsansätze und ihr Einsatz in den einzelnen Schichten

Evaluation auf Wort-, Vokabular- und Konzeptschicht

Fokus dieser Schicht sind in ihr verwendete Konzepte, Instanzen und Fakten und das Vokabular, das benützt worden ist, um diese abzubilden. Evaluation in dieser Schicht umfasst Vergleiche von Daten aus derselben Domäne, sowie auch Techniken zur Untersuchung der Ähnlichkeit zwischen Zeichenketten.[39]

Eine weitere Möglichkeit die lexikalische Schicht zu evaluieren ist durch Recall und Precisionwerte. In dem Fall wird die Ontologie mit einem Goldstandard verglichen, der die nötigen Kennwerte enthält.

Evaluation von Taxonomie und sonstigen semantischen Relationen

Fokus dieser Schicht sind die in den meisten Ontologien enthaltenden „is a" Relationen. Ontologien können aber auch andere Relation, die wichtig und die nicht der Art „is a" sind, enthalten. Ein Ansatz hierfür ist z.B. die Ermittlung der Recall- und Precisionwerte auf Relationsebene. Der dafür benötigte Goldstandard kann aus einer Liste von statistisch relevanten Termen sein.[40]

Evaluation des Kontexts

Manchmal ist Ontologie ein Teil einer anderen Ontologie, z.B. wenn ein Teil der Ontologie aus einer anderen Ontologie stammt. Diese Tatsache kann zu ihrer Evaluation genutzt wer-

---

[39]   Vgl. Brank, Grobelink, Mladenic (2007), S. 194.
[40]   Vgl. Brank, Grobelink, Mladenic (2007), S. 197.

den. Die Swoogle Suchmaschine z.B. geht von einem Verlinken der Ontologie, wie bei Webseiten, und nutz diese zur Evaluation der gleichen mit Hilfe des Pagerank Algorithmus. Diese Technik ist nur dann gerechtfertigt, wenn der Wiederverwendungswert, also die Verlinkungen, der betrachteten Ontologie hoch ist.[41]

Es ist auch zu erwähnen, dass der Zeitpunkt der Evaluation von wichtiger Bedeutung ist: Eine Ontologie kann in ihrer pre-Entwicklungsphase, in ihrer Entwicklungsphase evaluiert werden ebenso wie auch die fertige Ontologie.[42]

3.3 Evaluationsmethoden

Anwendungsbasierte Evaluation

In der Regel werden Ontologien in Anwendungen eingebunden. Die Ergebnisse oder die Performance der Anwendung inklusive Ontologie kann als Ausgangspunkt für eine Evaluation benützt werden. Ein Vergleich der Ergebnisse oder der Performance mit und ohne Ontologie ist denkbar. Möglich ist auch der Vergleich von zwei unterschiedlichen Ontologien innerhalb derselben Anwendung.[43]

Prinzipiell ist die Evaluation der Ergebnisse einer Anwendung viel einfacher als die Evaluation der ganzen Ontologie an sich. So einfach und effizient diese Art von Evaluation auch sein mag, so hat sie doch ihre Nachteile. Die Evaluation von einer Ontologie ist von der Anwendung abhängig; wie gut oder schlecht die Ontologie an sich ist, kann nicht beurteilt werden. Ein weiteres Problem ist die Anwendung an sich. Die Ontologie kann in der Anwendung nur eine geringfügige Rolle spielen, sodass die Ergebnisse nicht oder nur wenig beeinflusst werden. Die Anwendung muss auch an die Ontologie angepasst werden, um das Ziel der Evaluation zu unterstützen. Bei dem Vergleich müssen Ontologien sich sehr ähnlich oder kompatibel sein, damit beide in der gleichen Anwendung integriert werden könnten.[44]

Eine Möglichkeit, eine anwendungsbasierte Evaluation durchzuführen, bitten Porzel und Malaka. Es handelt sich um eine quantitative Methode anhand einer bestimmten Anwendung und einem Vergleich mit einem von Menschen erzeugten Goldstandard.[45] Ziel der Methode ist eine Evaluation der Ontologie in den Schichten des Vokabulars, sowie in den Relationen, sowohl „is a" Relationen als auch andere. Es werden Fehler wie überflüssige,

[41] Vgl. Supekar (2005), S. 1.
[42] Vgl. Hartmann, Spyns, Giboin, Maynard, Cuel, Suárez-Figueroa, Sure (2004), S. 9.
[43] Vgl. Brank, Grobelink, Mladenic (2007), S. 199.
[44] Vgl. Sabou, Lopez, Motta, Uren (2006), S. 2.
[45] Vgl. Porzel, Malaka (2004), S. 1.

fehlende, oder falsch eingesetzte Konzepte und Relationen gesucht. Die Methode wird hauptsächlich zur Texterkennung inklusiver deren wirkliche Bedeutung angewandt.[46]

In der Abb. 3.3. werden die Struktur und die nötigen Elemente der Methode dargestellt.

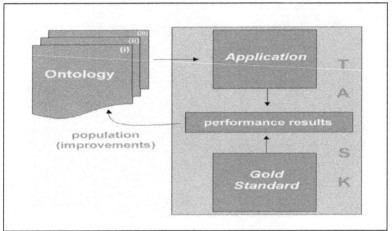

Quelle: Porzel, Malaka (2004), S. 3.

Abb. 3.1   Struktur einer anwendungsbasierte Evaluation

Datengetriebene Evaluation

Bei dieser Evaluation wird, anders als bei Maedche und Staab nicht eine Ontologie mit einer anderen, sondern die Ontologie mit vorhandenen Daten aus der betreffenden Domäne verglichen. Eine datengetriebene Evaluation wird von Brewster u.a. vorgeschlagen.[47]

Brewster u.a. untergliedern die Evaluation in folgenden drei Schritten: Identifikation der Schlüsselwörter, Expansion der Abfrage und Abbildung der Ontologie. Durch Expansion der Abfrage werden auch Oberbegriffe der Wörter in der Evaluation mit eingebunden, da die Suche ansonsten zu kompakt wird. Schließlich werden die identifizierten Wörter der Ontologie zugeordnet. Ergebnis der drei Schritte ist der Grad der Übereinstimmung von beiden Dokumenten (Ontologie und Daten), welcher zur Evaluierung verwendet werden kann.[48]

---

[46]   Vgl. Porzel, Malaka (2004), S. 2f.
[47]   Vgl. Brewster, Alani, Dasmahapatra, Wilks (2004), S. 2.
[48]   Vgl. Brewster, Alani, Dasmahapatra, Wilks (2004), S. 3.

Multi-Kriterien Methode

Diese Methode befasst sich mit der Aufgabe, aus einer Menge von Ontologien diejenige zu identifizieren, die für die Domäne bzw. Aufgaben- oder Problemstellung eine optimale Lösung darstellt. Hierfür wird zuerst eine Menge an Kriterien definiert, die eine Ontologie zu erfüllen hat. Ein Nachteil dieser Methode ist es, dass für ihre Realisierung eine große Menge an Expertenwissen menschlicher Akteure benötigt wird.[49]

OntoMetric ist ein Verfahren, welches die Multi-Kriterien Methode einsetz. OntoMetric basiert auf fünf Hauptmerkmale bzw. Dimensionen. Diese sind der Inhalt, der durch die Ontologie repräsentiert wird; die Sprachen, in denen die Ontologie implementiert wird; die Methoden und Techniken, die für die Entwicklung der Ontologie verwendet wurden; die Software, die für die Konstruktion der Ontologie benutzt wurde, und die Kosten, die die Nutzung der Ontologie verursachen würden. Jede dieser Dimensionen wird durch verschiedene Faktoren definiert und jeder Faktor wiederum wird in eine Vielzahl von Kriterien untergliedert. Diese Struktur bildet eine mehr schichtige Rahmenkonstruktion für Kriterien mit insgesamt 160 einzelnen Kriterien, die zur Evaluation der einzelnen Ontologien herangezogen wird.[50] In Abb. 3.3 wird diese Struktur dargestellt.

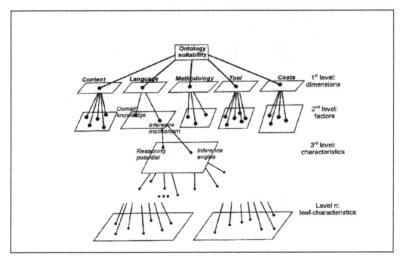

Quelle: Lozano-Tello, Gomez-Perez (2004), S. 8.

Abb. 3.2   Rahmenkonstruktion der Kriterien in OntoMetric

---

[49]   Vgl. Brank, Grobelink, Mladenic (2007), S. 200f.
[50]   Vgl. Hartmann, Spyns, Giboin, Maynard, Cuel, Suárez-Figueroa, Sure (2004), S. 12.

Die OntoMetric Methode ist eine Weiterentwicklung von Analytic Hierarchy Process, das den Entscheidungsprozess zwischen verschiedenen Ontologien unterstützen soll. Jede Ontologie kann in jedem Kriterium eine Anzahl von Punkten erreichen. Die Summe dieser einzelnen Kriteriumspunkte liefert schließlich jene Ontologie, die am besten abschneidet. Es ist ein Instrument und die Wahl einer bestimmten Ontologie zu rechtfertigen.[51]

Im Kapitel 3.3 wurden Evaluationsmethoden vorgestellt, die teilweise mit Unterstützung von Experten durchzuführen sind, d.h. Methoden, die als manuelle Evaluation von Ontologie eingestuft werden können. Im Kapitel 4 werden die Ansätze bzw. Methoden angesprochen, deren Ziel die automatische Evaluation von Ontologien ist.

---

[51] Vgl. Hartmann, Spyns, Giboin, Maynard, Cuel, Suárez-Figueroa, Sure (2004), S. 14.

4   Ansätze zur automatischen Evaluierung von Ontologien

4.1   Natural Language Application metrics

In diesem Ansatz werden anhand bestimmter Größen die Ähnlichkeiten zu einem Gold-standard errechnet. Anhand dieser Ähnlichkeiten wird die Güte der Ontologie beschrieben. Ein Beispiel für diese Evaluierungsmethode ist die String Matching Formel von Maedche und Staab. Der Ansatz ist die Untersuchung von zwei Textblöcken auf Ähnlichkeit anhand einer Formel, die auf der Levenshtein-Distanz basieren. Maedche und Staab sprechen von einem Zeichenketteabgleich. Hier wird für jede Zeichenkette des ersten Blockes den Un-terschied zur ähnlichsten Zeichenkette des zweiten Blockes errechnet. Dieser Wert über alle Zeichenketten des zweiten Blocks wird durch die Anzahl der Zeichenketten des ersten Blocks dividiert. Das Ergebnis sagt, wie ähnlich sich die Blöcke von Zeichenketten sind. In der Formel 4.1 steht SM für String Matching (Zeichenkettenabgleich). In dieser Formel wird eine Zeichenkette mit einer anderen verglichen, wobei L für eine Zeichenkette steht und ed für die Levenshtein-Distanz. **SM** (Formel 4.2) vergleicht einen Block von Zeichen-ketten bzw. eine Ontologie miteinander und errechnet daraus den Ähnlichkeitswert.[52]

Die String Matching Methode ist eine von wenigen Methoden, die die Evaluation anhand des Goldstandards erlaubt, da es immer sehr schwierig ist, zwei Ontologien miteinander zu vergleichen.[53]

$$
SM(L_i, L_j) := \max\left(0, \frac{\min(|L_i|, |L_j|) - ed(L_i, L_j)}{\min(|L_i|, |L_j|)}\right) \in [0, 1].
$$

Quelle: Maedche, Staab (2002), S. 4.

Formel 4.1   String Matching von Maedche und Staab

---

[52]   Vgl. Maedche, Staab (2002), S. 4.
[53]   Vgl. Sabou, Lopez, Motta, Uren (2006), S. 2.

$$\overline{\mathrm{SM}}(\mathcal{L}_1, \mathcal{L}_2) := \frac{1}{|\mathcal{L}_1|} \sum_{L_i \in \mathcal{L}_1} \max_{L_j \in \mathcal{L}_2} \mathrm{SM}(L_i, L_j).$$

Quelle: Maedche, Staab (2002), S.4.

Formel 4.2   Durchschnitt des String Matching von Maedche und Staab

4.2   OntoClean mit AEON

Die OntoClean Methode ist ein Verfahren zur Evaluation der ontologischen Angemessenheit von Taxonomien. Es definiert Richtlinien anhand Kernbegriffe bezüglich sinnvoller taxonomischer Beziehungen und überprüft diese auf Inkonsistenzen, mit anderen Wörtern es bereinigt auf diese Weise die Taxonomie von Inkonsistenzen. Ziel ist Konzepthierarchien zu analysieren und die Bedeutung der Konzepte zu klären. Die Methode basiert auf ontologischen Ideen und grundlegenden Begriffen, die bereits seit langer Zeit in der Philosophie benutzt werden, wobei die Kernbegriffe *rigidity* (Essenz), *identity* (Identität), *unity* (Einheit) und *dependence* (Abhängigkeit) sind. Diese Kernbegriffe (Meta-Eigenschaften) werden als Meta-Relationen an den Konzepten einer Ontologie angehängt und erlauben somit offensichtlich intendierte Aspekte von Konzepten auszudrücken.[54]

Die Meta-Eigenschaften werden von OntoClean wie folgt definiert: *rigib* bezeichnet die Notwendigkeit einer Eigenschaft für ihre Instanzen; *is rigid* (+R) bedeutet essentielle Eigenschaft für alle ihre Instanzen; *is anti-rigid* (~R) drückt essentielle Eigenschaft für manche ihre Instanzen aus; *is non-rigid* (-R) bedeutet nicht essentielle Eigenschaft für ihre Instanzen. Zu den weiteren Meta-Eigenschaften gehören *carries identity criterion* (+I), *supplies identity criterion* (+O), *carries unity* (+U) *carries anti-unity* (~U) und *dependence* (+D). Die *identity* besagt, ob Konzepte die Identitätskriterien haben oder nicht. Es soll über Identitätskriterien die Möglichkeit geschaffen werden, zwei verschiedene Instanzen eines Konzepts von einander zu unterscheiden. Die *unity* erlaubt alle Bestandteile einer individuellen Entität zu erkennen. Es können die Bestandteile und Grenzen eines Konzepts beschrieben werden, wodurch ersichtlich wird, was Teil des Konzepts ist und was nicht. Bei der *dependence* handelt es sich darum, ob ein Konzept von einem anderen extern abhängig ist.[55]

Die durch die Meta-Eigenschaften implizierten Einschränkungen (z.B. kann ein Konzept mit ~R nicht den Konzept mit +R folgen) sind formal definiert und können zur automati-

---

[54]   Vgl. Gómez-Pérez (2004), S. 252 und 259.
[55]   Vgl. Völker, Vrandecic, Sure (2005), S. 717f.

schen Überprüfung der Ontologie benützt werden.[56] Es können darauf Algorithmen wie z.B. OntoEdit oder Protégé eingesetzt werden. Der Grund, wieso OntoClean nicht oft angewendet wird, ist der aufwendige Prozess, die einzelnen Konzepte mit den richtigen Meta-Eigenschaften auszustatten, die zur Evaluation notwendig sind.[57] OntoClean an sich ist keine Methode, die die automatische Evaluation einer Ontologie durchführen kann. Die Ergebnisse von OntoClean können jedoch als Grundlage für eine automatische Evaluation herangezogen werden. AEON ist eine Software, die die einzelnen Konzepte aufgrund von Sprachmustern automatisch mit Meta-Eigenschaften ausstatten kann und somit eine automatische Evaluation ermöglicht.

AEON basier auf zwei Annahmen. Erstens, die Meta-Eigenschaften der Konzepte werden teilweise durch die menschliche Sprache und ihre Angaben über die Instanzen der Konzepte reflektiert. Die zweite Annahme ist die Tatsache, dass das Internet als Sammlung von Sprachmustern genützt werden kann.[58] Die Struktur von AEON wird in Abb. 4.1 dargestellt.

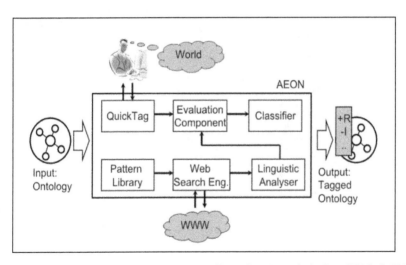

Quelle: Völker, Varandecic, Sure (2005), S. 719.

Abb. 4.1   Architektur von AEON

Die Bibliothek von Mustern (*Pattern Library*) beinhaltet abstrakte Muster (siehe Abbildung 4.2) für jede Meta-Eigenschaft, die als XML Dateien gespeichert werden. Ziel jeder

---

[56]   Vgl. Guarino, Welty (2002), S.6.
[57]   Vgl. Völker, Vrandecic, Sure (2005), S. 716.
[58]   Vgl. Völker, Vrandecic, Sure (2005), S. 719.

dieser Muster ist eine bestimme Meta-Eigenschaft nachzuweisen, z.B. eine *anti-rigid* Meta-Eigenschaft. Außerdem beinhaltet es Google Abfragen, die zum Nachweis der Meta-Eigenschaft helfen sollen. Diese Abfragen suchen im Internet nach einer bestimmen Zeichenkette (z.b. „is no longer a student") und auch nach allen Treffern des bestimmten Konzepts an sich („student"), um eine relative Häufigkeit errechnen zu können.[59]

```
<pattern>
  <variable name="x" />
  <evidence type="false" for="R" />
  <google regex="is\t\w+ no\t\w+ longer\t(DT\w+\t)?(NN|NP
    |NNS|NPS) x\t[^(NN|NP|NNS|NPS)]">
    <query string="is no longer a x" />
    <query string="is no longer an x" />
    <query string="is no longer x" />
  </google>
</pattern> %
```

Quelle: Völker, Vrandecic, Sure (2005), S.720.

Abb. 4.2   Darstellung eines Musters

Der linguistische Analysator (*Linguistic Analyser*) stellt Methoden wie beispielsweise Part-of-speech Tagging zur Verfügung, um die Ergebnisse aus der Internetsuche zu analysieren. Durch dieses linguistische Filtern der Zeichenketten werden falsche Treffer vermieden. Schließlich wird für jedes Muster der Bibliothek den positiven oder negativen Nachweis durch die *evidence* (p,i,c) Formel berechnet (siehe Formel 4.1). Dabei steht *p* für die Meta-Eigenschaft (R,U,I,D) und *c* für das Konzept. Q_i sind die zu dem Muster zugehörigen Anfragen.[60]

$$evidence(p, i, c) = \frac{\sum_{q \in Q_i} lf(hits(q_c))}{lf(hits(c))}$$

Quelle: Völker, Vrandecic, Sure (2005), S. 720.

Formel 4.3   Formel für die Berechnung des Nachweises der Meta-Eigenschaften

Die Entscheidung, ob die Nachweise wirklich mit der Realität übereinstimmen, wird durch die Sortiermaschine getroffen, die anhand eines durch Menschen erzeugten Goldstandards trainiert wird. Am Ende wird als Ergebnis eine „Tagged Ontology" erhalten.

---

[59]   Vgl. Völker, Vrandecic, Sure (2005), S. 720.
[60]   Vgl. Völker, Vrandecic, Sure (2005), S. 720.

20

4.3   OntoRand Index

Brank, Grobelnik und Mladenic schlagen als Methode zur automatischen Evaluation den OntoRand Index vor. Er basiert auf dem Rand Index, welcher eine Kennzahl der Übereinstimmung zwischen zwei Cluster ist. Der OntoRand Ansatz wurde mit dem Zweck entwickelt, eine möglichst automatische Evaluation einer Ontologie zu gestatten. Er ruht auf dem Vergleich mit dem Goldstandard. Anders als bei String Matching steht bei OntoRand Index im Vordergrund nicht die Evaluation von Beschreibungen von Konzepten und Instanzen in natürlicher Sprachen, sondern die Evaluation der Anordnung von Instanzen zu Konzepten und die hierarchische Anordnung der Konzepte an sich steht im Mittelpunkt.[61]

Der Ansatz stützt auf der Annahme der Ähnlichkeiten zwischen einem unüberwachten Clustering und dem Verfahren eines Ontologie-Lernens. Mit Ontologie-Lernen ist das Ausstatten einer Ontologie mit Instanzen gemeint, so dass am Ende eine hierarchische Anordnung von Konzepten mit einfacher „is a" Relationen entsteht, prinzipiell also nichts anderes, als ein hierarchisches Clustering-Verfahren. Rand Index berechnet die Ähnlichkeit zwischen zwei flachen Cluster. Gebraucht wird aber nun ein Verfahren, das die Ähnlichkeit zwischen zwei hierarchischen Clusters berechnet.[62]

$$OntoRandIdx(U,V) = 1 - \left(\sum_i (1 \leq i \leq j \leq n) \| \delta_U(U) \ (V(o_i,o_j)) - \delta_V(V) \ (V(o_i,o_j)) \| \right) /(n(n-1)/2)$$

Quelle: Brank, Grobelnik, Mladenic (2007), S. 205.

Formel 4.4   OntoRand Index Formel nach Brank, Grobelnik und Mladenic

Die Variablen U und V sind zwei Ontologien. U(o) ist ein Cluster von U, das die Instanzen $o \in O$ beinhaltet. $\delta_X(X_i, X_j)$ ist eine Distanzmaß zwischen zwei Cluster X_i und X_j, die zu dem Cluster X gehören. Die Variable n ist die Gesamtzahl an Paaren von Instanzen.

Brank, Grobelnik und Mladenic schlagen zwei Ansätze vor, um die Distanz ($\delta_X(X_i,X_j)$) zu messen. Der erste Ansatz beinhaltet die Messung der Distanz anhand des nähersten gemeinsamen Vorfahrens. Diese Distanz ist als Jaccard Koeffizient bekannt und ist in Formel 4.5 abgebildet. U_i ist ein Konzept einer Ontologie und $A(U_i)$ steht für die Menge aller Vorfahren dieses Konzepts. Die Anzahl der gemeinsamen Vorfahren wird als Maß der Ähnlichkeit gewertet. Eine andere Möglichkeit ist die Distanz an sich zwischen zwei Cluster innerhalb der Hierarchie, welche als Baum dargestellt ist, zu messen. In der Formel 4.6 steht 1 für die Distanz zwischen zwei Cluster – die Strecke hoch bis zum ersten gemeinsa-

---

[61]   Vgl. Brank, Grobelnik, Mladenic (2007), S. 203f.
[62]   Vgl. Brank, Grobelnik, Mladenic (2007), S. 204.

men Vorfahren und dann die Strecke runter bis zum zweiten Cluster. Die Variable h steht für die Tiefe des ersten gemeinsamen Vorfahrens. A und β sind zwei nicht negative Konstanten.[63]

$$Q_V(v_i, v_j) = \frac{|A(v_i) \cap A(v_j)|}{|A(v_i) \cup A(v_j)|}$$

Quelle: Brank, Grobelnik, Mladenic (2007), S. 206.

Formel 4.5 Jaccard Koeffizient

$$Q(c, h) = e^{-\alpha \tanh(\beta h)}$$

Quelle: Brank, Grobelnik, Mladenic (2007), S. 206.

Formel 4.6 Formel für die Berechnung der Distanz innerhalb des Baums

4.4 Vergleich der Ansätze

Im Kapitel 4 wurden drei unterschiedliche Ansätze zur automatischen Evaluation von Ontologien vorgestellt. Abgesehen von der Tatsache, dass alle drei eine automatische Evaluation verfolgen, sind die Ziele und der Nutzen der Ansätze unterschiedlich. Im Kapitel 3.2 wurde erläutert, dass es nicht rational ist, eine Ontologie als Ganzes zu evaluieren. Eine Evaluation macht nur Sinn, wenn diese auf bestimmte Bereiche bzw. Schichten begrenzt ist, d. h. eine Evaluation ist immer zweckgebunden. String Matching z.B. analysiert nur den Inhalt einer Ontologie, die Struktur wird dabei nicht beachtet. Es ist ein inhaltlicher bzw. lexikalischer Vergleich zwischen zwei Ontologien, wobei eine der Ontologien den Goldstandard repräsentieren kann. Anders ist der OntoRand Index. Hier werden die Anordnung von Instanzen zu Konzepten und die hierarchische Anordnung der Konzepte evaluiert. Der Inhalt der Ontologie wird nicht beachtet.

Mathematisch nachweisbar bzw. eine mathematische Grundlage haben nur String Matching und OntoRand Index. Die OntoClean Methode hat einen philosophischen Ansatz,

---

[63] Vgl. Brank, Grobelnik, Mladenic (2007), S. 207.

was auch ihr größter Kritikpunkt ist, denn seine ungenauen mathematischen Grundlagen werden als nicht ausreichend kritisiert.[64]

Alle drei Methoden evaluieren bestimmte Schichten (oder Bereiche) innerhalb einer Ontologie. Was jedoch keiner der Methoden kann, ist zu prüfen, ob die Ontologie an sich zum modellierten System passt. Eine solche Aussage wird nur durch Ansätze wie OntoMetric (Kap. 3.3) ermöglicht, wobei die Ansätze dieser Art aufgrund der Komplexität, Aufwand (160 Kriterien) und Notwendigkeit aktiver Arbeit von Experten wohl nie automatisch durchgeführt werden können.

Sowohl String Matching, AEON als auch OntoRand Index benötigen einen Goldstandard zur Evaluation, der von Menschen entwickelt werden muss. Die Ontologien können nur prinzipiell automatisch evaluiert werden, denn eine Vorarbeit von Menschen ist immer nötig. In der Tabelle 4.1 sind die einzelnen Eigenschaften der oben genannten Methoden nochmal zusammengefasst.

---

[64]   Vgl. Herb (2005), S. 17.

Methode	Ziel	Benutzer	Ansatz	Beschreibung
String Matching	Evaluation des Inhalts einer Ontologie. Fokus auf lexikalische Schicht	Benutzer einer Anwendung, um zu verifizieren, ob die Ontologie auch wirklich hilft.	Levenshtein-Distanz und Goldstandard	Bestimmung der Ähnlichkeit zwischen zwei Ontologien, ohne konzeptionelle Struktur zu betrachten. Evaluation durch Vergleich mit einem Goldstandard
OntoClean mit AEON	Formale Evaluation der Ontologie und automatisches Tagging mit Meta-Eigenschaften	Ontologieentwickler	Meta-Eigenschaften und Mustersuche im Internet	Konzepte werden mit Meta-Eigenschaften ausgestattet und anhand deren auf Konsistenzen überprüft
OntoRand Index	Evaluation der Anordnung von Instanzen zu Konzepten und die hierarchische Anordnung der Konzepte	Benutzer einer Anwendung, um zu verifizieren ob die Ontologie auch wirklich hilft	Rand Index und Goldstandard	Es untersucht die Ähnlichkeit zwischen zwei hierarchischen Ontologien, basiert auf einem hierarchischen Cluster

Tab. 4.1   Vergleiche der Ansätze

24

5   Zusammenfassung und Ausblick

Die vorliegende Arbeit gewährt Einblicke in die Ontologieforschung, vor allem in den Bereich der Ontologieevaluation. Als Einstieg wurde der Begriff der Ontologie erläutert – von seinen philosophischen Wurzeln bis zu seinem Einsatz in der Informatik. Dabei wurden drei grundlegende Anwendungsbereiche näher erklärt. Das Konzept der Ontologie wurde in seinen einzelnen Teilen zerlegt und demzufolge konnten vier verschiede Typen von Ontologien identifiziert werden, die sich vor allem in ihrer Generalität bzw. Allgemeinheit unterscheiden. Im Prozess der Untersuchung von Ontologien wurden viele Ähnlichkeiten, aber auch Unterschiede zwischen einer Ontologie und einer konzeptionellen Datenbank entdeckt, die in einem direkten Vergleich erläutert wurden.

Die automatische Evaluation von Ontologien war der Schwerpunkt dieser Arbeit. Um diese automatischen Evaluationsmethoden erläutern zu können, wurden zuerst die generellen Ansätze zur Evaluation von Ontologien vorgestellt. Es konnten vier Kategorien erkannt werden: Vergleich mit einem Goldstandard, anwendungsbasierte Evaluation, Vergleich mit Daten der Zieldomäne und direkte Evaluation durch Experten. Alle möglichen Evaluationsmethoden fallen in einer dieser Kategorien. Eine Verallgemeinerung der Kategorien ist die Unterscheidung zwischen manuellen und automatischen Evaluationsmethoden. Am Ende des Kapitels 3 wurden die Methoden vorgestellt, die in die Kategorie der manuellen Evaluationsmethoden fallen – anwendungsbasierte Evaluation, datengetriebene Evaluation und Multi-Kriterien Methode.

Die drei vorgestellten automatischen Evaluationsmethoden basieren auf unterschiedlichen Ansätzen. Hier werden sowohl mathematische als auch philosophische Ansätze vertreten. Die Ansätze sind sehr spezifisch, denn sie evaluieren nur einen bestimmten Bereich der Ontologie, was als auch Nachteil angesehen werden kann. Es müssen mehrere Evaluationsmethoden angewendet werden, um eine allgemeine Beurteilung einer Ontologie machen zu können. Wichtig für die Evaluation von Ontologien ist immer die Fragen, was man evaluieren möchte. Eine Evaluation ist immer zweckgebunden, dem entsprechend ist es wichtig, die richtigen Methoden auszusuchen.

Nachteil der drei Methoden ist die obligatorische Benutzung eines von Menschen geschaffenen Goldstandards. Falls die evaluierte Ontologie nicht mit dem Goldstandard übereinstimmt, ist es schwer festzustellen, was diese Differenz verursacht hat. Die möglichen Gründe dafür können Fehler innerhalb der Evaluationsmethode, tatsächliche Fehler in der Ontologie oder sogar Fehler in den Goldstandard sein.[65]

---

[65]   Vgl. Brewster, Alani, Dasmahapatra, Wilks (2004), S. 2.

25

Obwohl eine Evaluation immer zweckgebunden ist, sollte die Entwicklung der automatischen Evaluation von Ontologien in die Richtung gehen, dass die Methoden nicht auf einen spezifischen Typ von Ontologie oder Evaluation gebunden sind. Dies bedeutet, dass allgemeine Evaluationsmethoden benötigt werden, wie es am Beispiel vom OntoRand Index ersichtlich ist. Hier können nur die Ontologien untersucht werden, die dasselbe Set an Instanzen haben wie der Goldstandard. Interessant wären auch automatische Methoden, die ganz auf den Vergleich mit einem Goldstandard verzichten würden, d.h. Methoden, die die Ontologie an sich evaluieren, ohne die Ergebnisse eines Vergleichs zu bewerten. So wären auch Evaluationen von Ontologien möglich, bei denen es keinen Goldstandard zur Verfügung steht.[66]

---

[66]   Vgl. Brank, Grobelnik, Mladenic (2007), S. 217.

26

Literaturverzeichnis

Banker, C. J. O.; Warren, R. H.; Haarslev, V.: Ontology Evaluation – „ Beauty in the eye of the beholder?". 2005. http://junobeach.cs.uwaterloo.ca/~warren/publications/baker:ncor:2005/ncor_post er_fixed.pdf. Abrufdatum 2008-25-11.

Brank, J.; Grobelnik, M.; Mladenic, D.: A survey of ontology evaluation techniques. 2005. http://kt.ijs.si/dunja/sikdd2005/Papers/BrankEvaluationSiKDD2005.pdf. Abrufdatum 2008-27-11.

Brank, J.; Grobelnik, M.; Mladenic, D.: Automatic Evaluation of Ontologies. In: Natural Language Processing and Text Mining. Hrsg.: A. Kao, S. R. Poteet. London 2007. S. 193-219.

Brewster, C.; Alani, H.; Dasmahapatra, S.; Wilks, Y.: Data Driven Onology Evaluation. 2004. http://eprints.aktors.org/337/02/BrewsterLREC-final.pdf. Abrufdatum 2008-26-11.

Corcho, O.; Fernández-López, M.; Gómez-Pérez, A.: Ontological Engineering: Principles, Methodes, Tools and Languages. In: Ontologies for Software Engineering and Software Technology. Hrsg.: C. Calero, F. Ruiz, M. Piattini. Berlin 2006, S. 1-48

Daemi-Ahwazi, A.: Entropiebasierte Bewertung von Ontologien. Dissertation, Universität Karlsruhe (Technische Hochschule), Karlsruhe 2005.

Fernádez, M.; Cantador, I.; Castells, P.: CORE: A Tool for Collaborative Ontology Reuse and Evaluation. 2006. http://km.aifb.uni-karlsruhe.de/ws/eon2006/eon2006fernandezetal.pdf. Abrufdatum 2008-26-11.

Gómez-Pérez, A.: Ontology Evaluation. In: Handbook on Ontologies. Hrsg: S. Staab, R. Studer. Berlin 2004. S. 251-271.

Gruber, T.R.: A Translation Approach to Portable Ontology Specifications. 1993. http://tomgruber.org/writing/ontolingua-kaj-1993.pdf. Abrufdatum 2008.28.11.

Guarino, N.: Formal Ontology and Information Systems. 1998. http://www.loa-cnr.it/Papers/FOIS98.pdf. Abrufdatum 2008-25-11.

Guarino, N.; Welty, C. A.: An Overview of OntoClean. 2002. http://www.loa-cnr.it/Papers/GuarinoWeltyOntoCleanv3.pdf. Abrufdatum 2008-28-11.

Harith, A.; Brewster, C.: Metrics for Ranking Ontologies. 2006. http://eprints.aktors.org/554/01/Alani-EON06.pdf. Abrufdatum 2008-28-11.

Hartmann, J.; Spyns, P.; Giboin, A.; Maynard, D.; Cuel, R.; Suárez-Figueroa, M. C.; Sure, Y.: Methods for ontology evaluation. 2004. http://www.sti-innsbruck.at/fileadmin/documents/deliverables/Knowledge_Web/D1.2.3.pdf. Abrufdatum 2008-27-11.

Herb, M.: Ontology Engineering mit OntoClean. 2005. http://www.ipd.uni-karlsruhe.de/~oosem/S2D2/material/1-Herb.pdf. Abrufdatum 2008-28-11.

Hesse, W.: Ontologie(n). 2002. http://www1.gi-ev.de/service/informatiklexikon/informatiklexikon-detailansicht/meldung/57/. Abrufdatum 2008-25-11.

Kozaki, K.; Sunagawa, E.; Kitamura, Y.; Mizoguchi, R.: Fundamental Consideration of Role Concepts for Ontology Evaluation. 2006. http://km.aifb.uni-karlsruhe.de/ws/eon2006/eon2006kozakietal.pdf. Abrufdatum 2008-28-11.

Lozano-Tello, A.; Gomez-Perez, A.: ONTOMETRIC: A Method to Choose the Appropiate Ontology. In: Journal of database management. 15 (2004) 2. S. 1-18.

Maedche, A.; Staab, S.: Measuring Similarity between Ontologies. 2002. http://www.aifb.uni-karlsruhe.de/~sst/Research/Publications/ekaw2002-compare.pdf. Abrufdatum 2008-27-11.

McCarthy, J.: What has AI in Common with Philosophy? 1995. http://dli.iiit.ac.in/ijcai/IJCAI-95-VOL2/PDF/131.pdf. Abrufdatum 2008-25.11.

Noy, N. F.; Hafner, C. D.: The State of the Art in Ontology Design. A Survey and Comparative Review. In: AI Magazine. 18 (1997) 3, S. 53-74.

Noy, N. F.; Klein, M.: Ontology Evolution: Not the Same as Schema Evolution. 2004. http://citeseerx.ist.psu.edu/viewdoc/summary?doi=10.1.1.16.4888. Abrufdatum 2008-26-11.

Porzel, R.; Malaka, R.: A Task-based Approach for Ontology Evaluation. 2004. http://olp.dfki.de/ecai04/final-porzel.pdf. Abrufdatum 2008-11-28.

Ruiz, F.; Hilera, J. R.: Using Ontologies in Software Engineering and Technology. In: Ontologies for Software Engineering and Software Technology. Hrsg.: C. Calero, F. Ruiz, M. Piattini. Berlin 2006, S. 49-102.

Sabou, M.; Lopez, V.; Motta, E.; Uren, V.: Ontology Selection: Ontology Evaluation on the Real Semantic Web. 2006. http://eprints.aktors.org/487/01/eon2006_SabouEtAl.pdf. Abrufdatum 2008-26-11.

Staab, S.: Ontology Learning and Ontology Mapping. 2006. http://swrc.kaist.ac.kr/course/semantic_web/staab_1.pdf. Abrufdatum 2008-24-11.

Studer, R.: Ontologien. In: Enzyklopädie der Wirtschaftsinformatik online-Lexikon. 2008. Hrsg.: K. Kurbel, J. Becker, N. Gronau, E. Sinz, L. Suhl. http://www.oldenbourg.de:8080/wi-enzyklopaedie/lexikon/daten-wissen/Wissensmanagement/ Wissensmodellie-rung/Wissensreprasentation/Semantisches-Netz/Ontologien/index.html. Abrufdatum 2008-25-11.

Supekar, K.: A Peer-review Approach for Ontology Evaluation. 2005. http://protege.stanford.edu/conference/2005/submissions/abstracts/accepted-abstract-supekar.pdf. Abrufdatum 2008-27-01.

Uschold, M.; Gruninger, M.: Ontologies: Principles, Methods and Applications. 1996. http://citeseerx.ist.psu.edu/viewdoc/summary?doi=10.1.1.48.5917. Abrufdatum 2008-25-11.

Völker, J.; Vrandecic, D.; Sure, Y.: Automatic Evaluation of Ontologies (AEON). 2005. http://www.aifb.uni-karlsruhe.de/WBS/ysu/publications/2005_iswc_aeon.pdf. Abrufdatum 2008-28-11.

Vrandecic, D.: Ontology Evaluation for the Web. 2006. http://www.aifb.uni-karlsruhe.de/WBS/dvr/publications/kwepsy.pdf. Abrufdatum 2008-28-11.